DATE DUE

SP
394.26
ANS

3 24571 0901447 6
Ansary, Mir Tamim.

El Dia de los caidos

El Día de los caídos

Mir Tamim Ansary

Heinemann Library
Chicago, Illinois

HEINEMANN-RAINTREE

TO ORDER:
☎ Phone Customer Service **888-454-2279**
💻 Visit **www.heinemannraintree.com** to browse our catalog and order online.

Editorial: Rebecca Rissman
Design: Kimberly R. Miracle and Tony Miracle
Picture Research: Kathy Creech and Tracy Cummins
Production: Duncan Gilbert

Originated by Chroma Graphics (Overseas) Pte. Ltd
Printed and bound in China by South China Printing Co. Ltd.
Translation into Spanish by DoubleO Publishing Services

ISBN-13: 978-1-4329-1935-1 (hb)
ISBN-10: 1-4329-1935-0 (hb)
ISBN-13: 978-1-4329-1943-6 (pb)
ISBN-10: 1-4329-1943-1 (pb)

12 11 10 09 08
10 9 8 7 6 5 4 3 2 1

Library of Congress Cataloging-in-Publication Data

Ansary, Mir Tamim.
  [Memorial Day. Spanish]
  El Día de los Caídos / Mir Tamim Ansary.
      p. cm. -- (Historias de fiestas)
  "Translation into Spanish by DoubleO Publishing Services"--T.p. verso.
  Includes index.
  ISBN-13: 978-1-4329-1935-1
  ISBN-10: 1-4329-1935-0
  ISBN-13: 978-1-4329-1943-6 (pbk.)
  ISBN-10: 1-4329-1943-1 (pbk.)
  1. Memorial Day--Juvenile literature. I. Title.
  E642.A5718 2008
  394.262--dc22
                    2008036777

Acknowledgments
The author and publishers are grateful to the following for permission to reproduce photographs: Center Daily Times p. 28-29; Corbis p. 5 (Paul Barton); The Granger Collection pp. 9 (right), 10, 11, 12, 13, 14, 16 (all), 20, 21, 22; John Andress p. 23; Magnum Photo p. 7 (Eugene Richards); Mississippi Department of Archives and History p. 24 (left); Photo Edit p. 24 (Gary Conner); Photo Researchers, Inc. p. 9 (left); Stock Boston p. 6 (John Loletti); SuperStock pp. 8, 10, 15, 19, 26; Theater Pix p. 27 (Michael Brosilow).

Cover photograph reproduced with permission of Jim Corwin/Alamy.

Every effort has been made to contact copyright holders of any material reproduced in this book. Any omissions will be rectified in subsequent printings if notice is given to the publisher.

Disclaimer
All the Internet addresses (URLs) given in this book were valid at the time of going to press. However, due to the dynamic nature of the Internet, some addresses may have changed, or sites may have changed or ceased to exist since publication. While the author and publisher regret any inconvenience this may cause readers, no responsibility for any such changes can be accepted by either the author or the publisher.

Contenido

Algunas palabras aparecen en negrita, **como éstas**.
Puedes averiguar sus significados en el glosario.

Un día para recordar

El Día de los caídos se conmemora el último lunes de mayo. Las flores están en pleno apogeo. Pronto terminarán las clases. Es un día agradable para divertirse al aire libre.

Pero el Día de los caídos tiene otro sentido. Esta fiesta tiene que ver con recordar. En este día recordamos a las personas que murieron en las guerras.

Costumbres del Día de los caídos

Muchos estadounidenses colocan banderas y flores en las tumbas de las personas que murieron por nuestro país. Un ser querido de esta familia murió en la Guerra de Vietnam en 1970.

Un ser querido de esta familia murió en la Segunda Guerra Mundial en 1944. Su familia todavía adorna su tumba en el Día de los caídos. Es una antigua **costumbre**.

Los orígenes de una fiesta

La conmemoración del Día de los caídos se remonta a la Guerra Civil. Ésta fue la guerra más grande que se combatió en suelo estadounidense. La Guerra Civil finalizó en 1865.

Un soldado de la Unión, o del Norte

Un soldado confederado, o del Sur

En la Guerra Civil, los estadounidenses combatieron entre sí. Nuestro país se había dividido en dos. El Norte luchaba contra el Sur. La lucha era por la **esclavitud**.

Libertad y esclavitud

Los Estados Unidos se **fundaron** como tierra de libertad.
Pero hubo un problema desde el principio. En los
Estados Unidos, algunas personas eran **esclavos**.

La **esclavitud** se permitía en los estados del Sur. El Sur tenía grandes haciendas. En esas haciendas, los esclavos hacían casi todo el trabajo.

Una nación desgarrada

La **esclavitud** era ilegal en el Norte. La mayoría de la gente del Norte no estaba de acuerdo con la esclavitud. Muchos deseaban **prohibirla** en todos los estados.

Cada vez que un nuevo estado se unía al país, surgía la pregunta: "¿Permitiremos la esclavitud?". Entonces surgían peleas por este tema.

La Guerra Civil

En 1860, los estados del Sur trataron de separarse de los Estados Unidos. Se proclamaron como un nuevo país y bombardearon un fuerte de los EE.UU.

En ese momento, el presidente era Abraham Lincoln. Dijo que nuestro país era una **unión**. Ningún estado tenía el derecho de separarse. Envió ejércitos a combatir a los **rebeldes**.

La Batalla de Gettysburg

El Sur tenía un gran general llamado Robert E. Lee.
Lee hizo retroceder a los ejércitos de la **unión**.
Luego, **invadió** el Norte.

Una gran batalla tuvo lugar cerca de Gettysburg, Pennsylvania. La batalla duró tres días. Más de 43,000 hombres murieron o resultaron heridos. El ejército de Lee tuvo que regresar al Sur nuevamente.

El discurso más importante de Lincoln

El presidente Lincoln fue a Gettysburg. Pronunció un **discurso** para **honrar** a los muertos. Explicó por qué habían muerto.

Lincoln dijo que los Estados Unidos representaban una gran idea: todas las personas nacen libres y con los mismos derechos. Manifestó que si el país se dividía, esta idea moriría.

Cambia la suerte

Después de la Batalla de Gettysburg, el Norte también encontró un gran general. Se llamaba Ulysses S. Grant. Comenzó a desgastar las fuerzas **rebeldes**.

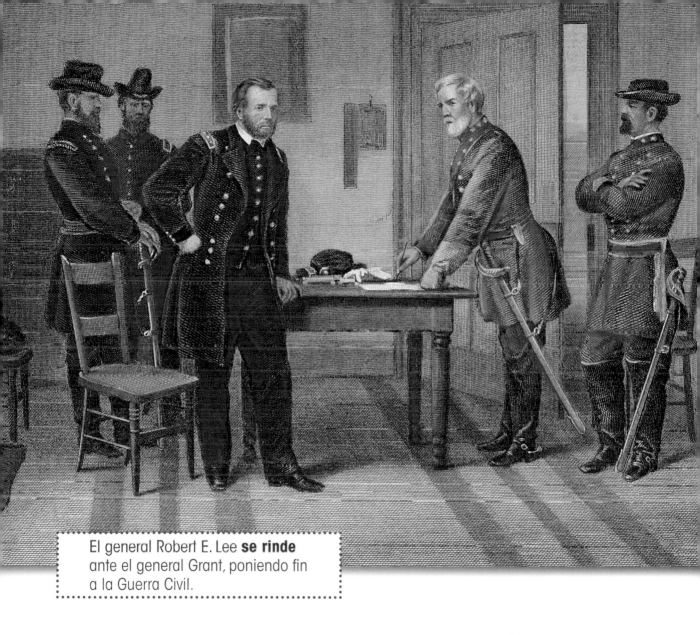

El general Robert E. Lee **se rinde** ante el general Grant, poniendo fin a la Guerra Civil.

Al final, Lee se dio por vencido. Los Estados Unidos serían un país unido. Y terminaría la esclavitud.

Sanar las heridas

Pero, ¿cómo llegarían los del Norte y del Sur a ser amigos nuevamente? La guerra había dejado muchas heridas y mucho odio.

Un día, un grupo de mujeres fue a un cementerio en Columbus, Mississippi. En ese lugar estaban enterrados soldados del Norte y del Sur. Las mujeres hicieron algo maravilloso.

Comienza el Día de los caídos

Las mujeres colocaron flores en las tumbas de los soldados. No preguntaron en qué bando habían peleado. **Honraron** a todos y cada uno de ellos.

Este retrato muestra a las mujeres que contribuyeron a dar inicio al Día de los caídos.

La idea se copió en otras ciudades. Así comenzó el Día
de los caídos. En 1971 fue declarado fiesta nacional.

El Día de los caídos en la actualidad

El Día de los caídos **honra** a todas las personas que murieron en las guerras de nuestro país. Hay una gran **ceremonia** en el cementerio nacional en Arlington, Virginia.

También se llevan a cabo pequeñas ceremonias en todo el país. Las personas colocan flores y pequeñas banderas en las tumbas. Algunos hacen su **duelo** en privado.

Tristeza y alegría

Pero el Día de los caídos no sólo es una ocasión triste. Ese día, muchas ciudades realizan festivales. Aquí se muestra un gran festival en Boalsburg, Pennsylvania.

En este tipo de festivales se mezcla la alegría con la tristeza. Nos recuerdan algo bueno en este día de mayo. La primavera y el verano siempre regresan.

Fechas importantes

El Día de los caídos

1776	Se **fundan** los Estados Unidos.
1860	Carolina del Sur abandona la **Unión**.
1861	Comienza la Guerra Civil.
1863	Tiene lugar la Batalla de Gettysburg.
1864	Ulysses S. Grant asume el comando de los ejércitos de la Unión.
1865	Finaliza la Guerra Civil.
1866	Las mujeres de Columbus, Mississippi, adornan las tumbas.
1945	Finaliza la Segunda Guerra Mundial.
1971	Se declara fiesta nacional el Día de los caídos.
1975	Finaliza la Guerra de Vietnam.

Glosario

ceremonia   actividad especial para honrar a alguien o algo

costumbre   algo que la gente siempre hace en días especiales o para ciertos eventos

discurso   exposición dirigida a un grupo de personas

duelo   manifestación de la tristeza por una pérdida

esclavitud   el uso de personas como esclavos

esclavos   personas que fueron obligadas a trabajar para otras personas a las que pertenecían y que los compraban y vendían como bienes

fundar   constituir algo nuevo, como un país

honrar   mostrar respeto por alguien

invadir   entrar en un territorio o país por la fuerza para apoderarse de él

proscribir   prohibir algo o hacerlo ilegal

rebeldes   quienes combaten contra el gobierno

rendirse   darse por vencido

unión   grupo de muchas partes que funciona como un todo; los estados del Norte durante la Guerra Civil

Lectura adicional

Trumbauer, Lisa. *Abraham Lincoln y la Guerra Civil*. Chicago,IL: Heinemann Library, 2008.

Frost, Helen. *Memorial Day*. Mankato, MN: Capstone, 2000.

Schaefer, Lola, Schaefer, Ted. *El Cementerio Nacional de Arlington*. Chicago, IL: Heinemann, Library, 2006.

Índice